HUNDE-KNIGGE

Gutes Benehmen öffnet Türen und Herzen. Rowdys und Nervtöter mag niemand. Das gilt ganz besonders für den Hund. Zuverlässige Erziehung, Verständnis für seine Ansprüche und Konsequenz – mehr brauchen Sie selten, um aus Ihrem vierbeinigen Partner einen Kavalier und echten Gentleman zu machen.

Inhalt

SO LERNT IHR HUND GUTE MANIEREN UND HAT SPASS DABEI

DER KNIGGE FÜR HAUS UND GARTEN MACHT ALLES LEICHTER

IN JEDER LEBENSLAGE EIN ECHTER KAVALIER UND GENTLEMAN

ANHANG

TIPPS & INFOS

zum guten Benehmen auf den **Seiten** 6, 7, 16, 17, 18, 20, 21, 23, 31, 38, 39, 41, 43.

Fettnapf ade: Benimmt er sich daneben? Hier finden Sie Praxistipps und Therapievorschläge.

So lernt Ihr Hund gute Manieren und hat Spaß dabei

Er zerrt wie ein Ochse an der Leine, nervt das ganze Viertel mit seinem Gekläffe, knurrt Besucher böse an und jagt Nachbars Kater, wo immer dieser sich blicken lässt. Stress mit dem Hund! Doch es geht auch anders. Und Tricks braucht es keine, um einem Hund gute Manieren beizubringen.

Gutes Benehmen macht Freunde

Knigge ist in. Man hält wieder auf Etikette. Weniger um steifen Formalien gerecht zu werden, sondern weil der rücksichtsvolle und zuvorkommende Umgang das Miteinander und jede Partnerschaft erleichtert. Bei unserem treuesten Wegbegleiter war Knigge nie out. Für den Hund ist das Laisser-faire fatal. Ein Vierbeiner, der die Grenzen nicht kennt und sich alle Freiheiten der Welt herausnehmen darf, wird zur Belastung und nicht selten auch zur Gefahr für uns und andere. Und er nervt und stresst ohne Ende.

Der öffentliche Hund

Mehr als alle anderen Heimtiere ist der Hund gleichsam ein „öffentliches Tier". Wellensittich, Hamster, Meerschweinchen und Zwergkaninchen führen ein Privatleben hinter verschlossenen Türen. Nur die Katze lässt sich draußen blicken, aber meist eher still und unbemerkt – falls sie nicht gerade auf die Vogeljagd geht oder in fremden Blumenbeeten buddelt. Ein Hund zeigt weit mehr Präsenz, egal ob Yorkshire oder Dogge. Er begleitet uns beim Stadtbummel und auf Reisen, checkt Besucher an Gartenpforte und Haustür und macht lauthals kund, wenn ihm etwas gegen den Strich geht.

Was Ihr Hund alles kann

Die Hundewelt hat sich gewandelt. Früher hatten Hunde Jobs: das Vieh hüten, für Begleitschutz sorgen, Haus und Hof bewachen, Karren ziehen. Strapaziöse, aber klar festgelegte Aufgaben. Heute ist der Hund Teil der Familie und macht alles mit. Und jeder hat andere Ansprüche an ihn: Er soll pflegeleichter Hausgenosse sein und angenehmer Begleiter beim Stadtbummel, im Auto und im Urlaub. Er soll zu Freunden freundlich, zu Fremden zurückhaltend sein, sich in Restaurant und Hotel benehmen, ohne Murren alleine bleiben und in der Hundepension gute Manieren zeigen. Er soll den Postboten nicht vergraulen, Hasen und Rehe ungeschoren lassen, und und und …

All das kann ein Hund. Nur nicht auf Fingerschnippen. Er erwartet dafür Zuspruch und Zuwendung, ein intaktes Familienrudel und von seinem Besitzer Führungsqualitäten. Hunde sind Gesellschaftstiere, die Bereitschaft zu Integration und Anpassung ist ihnen in die Wurfkiste gelegt.

INFO

DIE 10 WICHTIGSTEN BENIMMREGELN DES HUNDES

1. Ich folge meinem Herrn aufs Wort und kenne alle Kommandos – von „Fuß!“ und „Sitz!“ bis „Bleib!“
2. Bin ich allein im Haus, mache ich keinen Lärm und komme auch nicht auf dumme Gedanken.
3. Ich gebe Laut, wenn es etwas zu melden gibt oder wenn ich die Familie und Freunde begrüße.
4. Ich bettle nicht bei Tisch und rücke keinem wegen eines Leckerbissen auf die Pelle.
5. Gäste im Haus finde ich toll. Freunde begrüße ich herzlich, bei Fremden warte ich erst einmal ab.
6. Für ein Spiel mit den Kindern bin ich immer zu haben. Ich weiß aber, wo die Grenzen sind.
7. Mit den anderen tierischen Hausgenossen gibt es nie Streit.
8. Selbst wenn’s in der Pfote juckt: Katzen und Wild sind mir schnuppe.
9. Die Leine habe ich lieben gelernt. Mein Motto: immer schön locker.
10. Im Restaurant, Hotel und im Auto bin ich der beste Begleiter der Welt.

Kennen Sie Ihren Hund?

Das gute Benehmen des Hundes baut auf guter Partnerschaft auf. Dazu gehört auch, dass man versteht, was einen Hund bewegt und wie er auf seine Umwelt reagiert.

➤ **Eine Welt der Düfte.** Wir orientieren uns vor allem optisch und verlassen uns auf das, was wir sehen. Der Hund lebt in einer Geruchswelt, seine Nase liefert ihm alle wichtigen Informationen. Gerüche dienen Hunden auch als Verständigungsmittel: Duftmarken markieren Besitzansprüche und Revier.

➤ **Alles was sich bewegt.** Was sich nicht vom Fleck rührt, ist einem Hund ziemlich schnuppe. Um so mehr fesseln Bewegungen von Menschen, Tieren und Objekten seine Aufmerksamkeit. Er reagiert auf Signale und Gesten, aber auch auf Formen und Konturen, die sich verändern. Handzeichen haben daher in der Verständigung und bei Ausbildung und Erziehung eine große Bedeutung.

➤ **Neugier hält fit.** Hunde interessieren sich für alles und jeden. Neugier und die Lust am Erkunden bestimmt ihr Leben von Kindesbeinen an. Wer neugierig ist, macht viele Erfahrungen und lernt aus den guten und den schlechten.

➤ **Ganz schön schlau.** Der Hund ist ein geborener Opportunist und kommt in fast jeder Lebenslage zurecht. Ein Verhalten, für das er Anerkennung erntet, wiederholt er meist aus freien Stücken. In der Erziehung und im täglichen Umgang macht man sich diese Bereitschaft zur Kooperation zunutze.

Flirtfaktor auf vier Beinen

Höflichkeit öffnet die Herzen. Mit einem wohl erzogenen Hund kommt man ins Gespräch, schließt Freundschaften oder findet manchmal sogar den Partner fürs Leben. Ein Hund ist die beste Kontaktbörse der Welt.

TIPP
MIT GUTEM BEISPIEL VORAN

Bestnoten in Betragen und Benimm sorgen für eine glückliche Partnerschaft. Aber sie geben auch anderen ein gutes Beispiel und helfen mit, Vorurteile und Fehleinschätzungen bei Menschen abzubauen, die Hunden und Haltern kritisch gegenüberstehen.

Gehorsam schützt vor Gefahr

Hunde, die nicht gehorchen, bringen sich und andere in Gefahr: wenn sie das Wild jagen und auf Nimmerwiedersehen im Wald verschwinden, wenn sie im Stadtverkehr nicht bei Fuß laufen, jede Gelegenheit zum Streunen nutzen, Besucher anspringen oder Kinder über den Haufen rennen. Der Hund, der seinen Knigge kennt, genießt Freiheiten und Freiräume, die man einem bockigen Rabauken nicht erlauben kann. Er ist vor Gefahren geschützt und hat mehr Spaß am Leben. Und sein Besitzer sowieso.

Test: Ist mein Hund ein echter

1. Wenn er Jogger trifft …
a) springt er sie an. 🌹
b) stoppt er auf Befehl. 🌹🌹
c) sind sie ihm egal. 🌹🌹🌹

2. Im Restaurant …
a) zerrt er an der Leine. 🌹
b) bettelt er ständig. 🌹🌹
c) liegt er die ganze Zeit brav unterm Tisch. 🌹🌹🌹

3. Sein Geschäft macht er …
a) wo es ihm gefällt. 🌹
b) im Notfall auch an unpassender Stelle. 🌹🌹
c) nur an seinen gewohnten Löseplätzen. 🌹🌹🌹

4. Wenn es läutet …
a) stürmt er bellend hin. 🌹
b) ist er auf „Aus!“ still. 🌹🌹
c) geht er mit Ihnen ganz ruhig zur Tür. 🌹🌹🌹

5. Er sitzt im Sessel und …
a) räumt das Feld nicht. 🌹
b) trollt sich widerwillig. 🌹🌹
c) ist schon weg. 🌹🌹🌹

6. Er schwimmt im See …
a) und Ihr Rufen ist ihm völlig schnuppe. 🌹
b) und kommt auf Kommando sofort heraus. 🌹🌹🌹

7. Beim Spielen mit anderen Hunden …
a) muss er der Boss sein, sonst gibt es Zoff. 🌹
b) nimmt er manchmal nicht viel Rücksicht. 🌹🌹
c) ist er Gentleman. 🌹🌹🌹

8. In Bus und Eisenbahn …
a) schnüffelt er an jedem. 🌹
b) bleibt er gelassen und cool neben Ihnen. 🌹🌹🌹

9. Seinen Kauknochen …
a) verteidigt er knurrend. 🌹
b) schleppt er weg. 🌹🌹
c) gibt er sofort frei. 🌹🌹🌹

10. Sobald Sie die Leine vom Haken nehmen …
a) tobt er wild herum. 🌹
b) freut er sich, bleibt aber ruhig und gesittet. 🌹🌹🌹

11. Beim Stadtbummel ...
a) zieht und zerrt er in alle Richtungen. 🌹
b) reagiert er böse, wenn sich Fremde nähern. 🌹🌹
c) bleibt er stets höflich und freundlich. 🌹🌹🌹

12. Besuchshunde …
a) giftet er an. 🌹
b) lässt er links liegen. 🌹🌹
c) findet er ganz toll. 🌹🌹🌹

Rosenkavalier? Höflich und rücksichtsvoll oder Tollpatsch und Dickkopf?

13. Beim Tierarzt …
a) setzt er sich gegen jede Behandlung zur Wehr. 🌹
b) ist er lammfromm. 🌹🌹🌹

14. Den Briefträger …
a) lässt er nicht ins Haus. 🌹
b) beobachtet er voller Misstrauen. 🌹🌹
c) begrüsst er freudig. 🌹🌹🌹

15. Wenn er mit den Kindern spielen darf …
a) hat er schnell genug und wird grantig. 🌹
b) ist er oft viel zu wild. 🌹🌹
c) ist er ganz sanft. 🌹🌹🌹

16. Die Katze im Haus …
a) macht ihn eifersüchtig. 🌹
b) ist für ihn Luft. 🌹🌹
c) darf sich bei ihm alles erlauben. 🌹🌹🌹

Auswertung

Weniger als 20 Rosen
Von Knigge keine Spur. Ihr Hund macht, was er will. Er geht Ihnen und allen, die mit ihm zusammenkommen, auf die Nerven oder wird sogar zur Gefahr. Höchste Zeit, ihm Benimm beizubringen!

20 bis 32 Rosen
Manchmal kann er schon lieb sein, in der Regel aber zeigt er wenig Einsicht und Kooperationsbereitschaft. Man muss ihn ständig unter Kontrolle haben, damit er nicht von einem Fettnäpfchen ins andere tappt. Mit ihm in der Öffentlichkeit ist kein Vergnügen, sondern häufig genug echter Stress.

33 bis 42 Rosen
Herzlichen Glückwunsch, Ihr vierbeiniger Partner kennt die Etikette – jedenfalls meistens. Ein paar Ecken und Kanten gibt es noch, aber die bekommt man mit gezieltem Benimm-Training in den Griff.

Mehr als 42 Rosen
Ein echter Rosenkavalier! In jeder Lebenslage zuvorkommend und freundlich. Mit Ihrem Hund können Sie sich überall sehen lassen. Aber auch der vollendete Gentleman sollte in Übung bleiben. Vielleicht will Ihr Hund ja auch mehr und ist ein Fall für den Knigge für Fortgeschrittene (→ Seite 42).

Warum Hunde gerne zur Schule gehen

Alleine kommt ein Hund nicht zurecht. Er braucht die Gemeinschaft des Rudels. Das Verlangen, sich einer Gruppe anzuschließen und die Bereitschaft, den Anweisungen des Anführers zu folgen, ist Hunden angeboren. Im Familienrudel übernimmt der Mensch die Rolle des Rudelchefs. Ihr Hund erwartet allerdings, dass Sie den Job auch ausfüllen: Er will unmissverständliche Kommandos, regelmäßige Aufgaben und den festen Platz in der Rudelhierarchie. Wem der Sinn nach antiautoritärer Erziehung oder Mitbestimmung steht, ist bei seinem Vierbeiner schnell unten durch. Mehr noch: Sieht der Hund sein Rudel vom Kurs abkommen, übernimmt er selbst die Führung. Selten mit angenehmen Folgen für die Partnerschaft. In einer funktionierenden Beziehung ist dem Hund die Anerkennung seines Herrn wichtiger als der leckerste Leckerbissen – die ideale Basis für eine erfolgreiche Erziehung und Ausbildung. Der Schüler bringt beste Voraussetzungen mit, um auch anspruchsvolle Lerninhalte zu kapieren: Er besitzt ein unbestechliches Beobachtungsvermögen, eine hohe Auffassungsgabe und ein perfektes Gedächtnis für Handlungsabläufe, die bestimmte Ereignisse miteinander verknüpfen. Ein Hund, der regelmäßig zur Schule geht, bleibt nicht nur fit im Kopf, er ist auch glükklicher und ausgeglichener als andere.

Welpen wollen alles wissen

Die Schulzeit endet nie: Hunde sind von Kindesbeinen an bis ins Seniorenalter lernfähig und bereit, sich Herausforderungen und veränderten Situationen zu stellen. Besonders ausgeprägt sind Wissensdurst und Neugier auf Neues beim Welpen. Das beginnt schon in der 4. Lebenswoche, wenn er sich zunehmend stärker für seine Umgebung interessiert. Die Lernbereitschaft des Hundes ist in der bis zur 14., bei manchen Rassen bis zur 20. Woche dauernden Sozialisierungsphase größer als in jedem anderen Lebensabschnitt. Hier wird auch die Grundlage für seine soziale Verträglichkeit gelegt.

Der Hundekinder-Knigge

Für junge Hunde ist das Leben ein Spiel. Im Spiel lernen sie ihre Umwelt kennen, erproben Fitness und Fähigkeiten und testen alles, was ihre Neugier weckt, interessant riecht oder sich anknabbern lässt. Bremsen Sie den Entdeckerdrang schon jetzt immer dort, wo sich der Welpe zu viele Frechheiten erlaubt.

Diese Jugendsünden sollten Sie bei Ihrem Hund nicht akzeptieren:

➤ **Knabbern.** Er beißt in alles, was ihm zwischen die Zähne kommt. Wir „be"greifen die Dinge mit den Händen, ein Hund macht das per Bisstest. Tabu von Anfang an: Knabbern an Vorhängen, Teppichen, Büchern, Kleidern und Schuhen.

➤ **Zwicken und Zerren.** Im wilden Spiel der Welpen wird gebissen, geschüttelt und gezwickt. Aber bitte nicht bei uns! Tabu von Anfang an: Zerren an Hose und Rock und Zwicken in Beine, Füße und Hände.

➤ **Diebstahl.** Er weiß noch nicht, was erlaubt ist und probiert alles, was verführerisch riecht und gut schmeckt. Sein Essen bekommt er nur im Futternapf. Alles andere sollte außer Reichweite sein. Das beugt Mundraub am besten vor.

➤ **Stubenreinheit.** Kein Hund kommt stubenrein auf die Welt und das eine oder andere kleine Malheur in der Wohnung lässt sich in den ersten Tagen nicht vermeiden. Beginnen Sie mit der Erziehung zur Stubenreinheit möglichst sofort nach dem Einzug des Welpen. Spätestens nach vier bis sechs Wochen sollte der junge Hund sein Geschäft zuverlässig nur noch im Freien erledigen.

TIPP

WELPENSPIELTAGE

Der Welpe braucht den Kontakt mit anderen Hunden. Im Spiel mit Gleichaltrigen testet er seinen Sozialstatus und lernt sich zu behaupten. Die Hundeschulen und Rassehundeclubs führen regelmäßig Welpenspieltage durch, an denen Junghunde im Alter zwischen 9 bis 20 Wochen teilnehmen können.

Die Grundregeln der Welpenerziehung

Junge Hunde sind offen für alles und lernen leichter als erwachsene, die ihre Vorlieben und festen Gewohnheiten haben. Besonders prägend sind diejenigen Erfahrungen, die der Welpe zwischen dem 3. und 6. Monat macht. Hundeerziehung in dieser Lebensphase heißt spielerisches Lernen. Mit einfachen und kurzen Übungen begeistert man ihn zum Mitmachen und vermittelt ihm die wichtigsten Kommandos. Lange ist er allerdings selten bei der Sache, dann entdeckt er sein Interesse für andere Dinge oder ist zu müde, um sich aufs Lerntraining zu konzentrieren. Mehr als eine halbe Stunde täglich sollten Sie Ihren Erstklässler nicht fordern und die einzelnen Übungen dabei auf höchstens fünf Minuten begrenzen. Ab dem 6. Monat dürfen es auch zehn Minuten sein. Geduld und Konsequenz zahlen sich aus: Wiederholen Sie jede Übung mehrfach, bevor Sie mit einer neuen beginnen. Macht der Kleine alles richtig, gibt es Lob und Anerkennung. Mit Streicheln und Schmusen wartet man bis zum Ende der Schulstunde, um ihn nicht vorher abzulenken.

Mit dem Hund sprechen

Richtige Kommunikation ist die Basis der erfolgreichen Erziehung. Laut- und Körpersprache sind dabei gleichermaßen wichtig. Der Hund registriert feinste Nuancen unserer Körperhaltung, Gestik und Mimik; er reagiert auf Klang und Tonfall der Stimme. Im Training wecken eindeutige und unverwechselbare Sichtzeichen seine Aufmerksamkeit und vermitteln ihm, was wir von ihm wollen. Hat er die optische Körpersprache erst einmal verstanden, kann sich die verbale Kommunikation auf Lob und Anerkennung beschränken.

Zum Mitmachen motivieren

Auch liebenswerte und verträgliche Hunde entwickeln von Zeit zu Zeit kleine Macken und schlechte Angewohnheiten oder reagieren sauer auf Ereignisse, die ihre Welt aus den Fugen bringen – Veränderungen im Rudel, unliebsame Konkurrenz, Entzug alter Rechte, Umzug, Futterwechsel und andere. Jeder Hund hat ein Recht auf Persönlichkeit und indivuelle Eigenheiten. Individualität und Eigenwilligkeit haben jedoch da ihre klaren Grenzen, wo der Beziehungsfrieden in Gefahr ist und die Autorität des Rudelführers untergraben wird. Hunde lernen am Erfolg: Handlungen, die sie mit etwas Angenehmen in Verbindung bringen, werden meist aus freien Stücken wiederholt. Mit Lob und Belohnung macht man sich das Prinzip der positiven Verstärkung zunutze und kann so gezielt erwünschte Verhaltensweisen fördern. Hunde sind darüber hinaus aber auch in der Lage, unterschiedliche Handlungselemente miteinander zu verknüpfen, wenn diese zeitlich aufeinander folgen. Quietscht man beispielsweise mit der Spielmaus und bietet seinem Hund direkt danach einen Leckerbissen an, steht er schon bald bei jedem Quietscher in freudiger Erwartung auf der Matte – auch wenn es kein Häppchen mehr gibt.

Großer Hund, kleiner Hund: Ein Lob seines Besitzers motiviert jeden zum Mitmachen.

Die höflichsten Rassen

Zu den leicht erziehbaren, lebhaften und fröhlichen Hunderassen gehören Bearded Collie, Bichon frisé, Golden Retriever, Kleinpudel, Havaneser, Kromfohrländer, Malteser, Löwchen und Shih Tzu. Etwas weniger temperamentvoll, aber ebenso anpassungsfähig: Coton de Tuléar, Französische Bulldogge, Bologneser und Neufundländer. Ein Herz und eine Seele mit Kindern: Beagle, Bobtail, Boston Terrier, Cavalier King Charles Spaniel, Collie, PON und der West Highland White Terrier.

Dickköpfe und Eigenbrötler

Egozentrische Hundepersönlichkeiten sind Afghane, Chihuahua, Pekingese, Scottish und Yorkshire Terrier und besonders der Chow Chow. Umgänglich, aber manchmal auch stur: Basset und Jack Russell Terrier.

TIPP
MIT HÜNDINNEN LÄUFT ES LEICHTER

Rüde oder Hündin? Keine einfache Entscheidung beim Kauf eines Hundes. Für Anfänger ist die Hündin geeigneter, weil sie anpassungsfähiger und in der Regel auch leichter zu erziehen ist. Rüden sind meist kräftiger und versuchen eher, ihren Kopf durchzusetzen. Geraten sich allerdings zwei Hündinnen ernsthaft in die Wolle, kämpfen sie oft bis zum bitteren Ende.

INFO
LEINE UND HALSBAND

Leine und Halsband gehören zur Grundausstattung und sind bei der Erziehung unentbehrlich. Das Halsband bietet die Gewähr, dass man seinen Hund im Notfall halten kann. Und auch die Leine ist immer dabei, selbst wenn er frei laufen darf. Für Welpen reicht ein einfaches, verstellbares Halsband. Beim ausgewachsenen Hund müssen Halsband und Leine zu seiner Körpergröße und Kraft passen. Praxisgerechte Materialien sind Leder, Nylon oder Textil.

Und was ist mit Strafen?

Strafpredigten, Einsperren oder Schläge hemmen die Kooperationsbereitschaft des Hundes und sind keine Erziehungshilfen. Wird unerwünschtes Verhalten konsequent ignoriert, gibt er meist von selbst auf, weil er nicht zum Ziel kommt. Alternativen: Lenken Sie ihn mit einem attraktiven Angebot (Bewachungsauftrag, Spiel) ab oder verknüpfen Sie seine Handlung mit einer negativen Erfahrung, zum Beispiel einem Schreckerlebnis (→ Seite 19). Ganz wichtig: Er darf dabei nie spitzbekommen, dass Sie der Urheber sind.

Der Knigge für Haus und Garten macht alles leichter

Für seine Familie geht ein Hund durchs Feuer. Nimmt er aber die Wächter- und Beschützerrolle gar zu ernst, gerät der Alltag schnell aus den Fugen. Hier wie bei selbstbewussten Vierbeinern, die den Chef spielen wollen, sind die Benimm-Basics und ein neues Rudelverständnis gefragt.

Ich bin der Boss hier im Revier

Fast jeder Hund beschützt das eigene Rudel und verteidigt im Ernstfall sein Revier gegen Fremde und Eindringlinge. Erlernen muss er den Wächterjob nicht, die Sicherung des Eigenbezirks gehört zu den tief verwurzelten Verhaltensweisen, die der Haushund von Stammvater Wolf ererbt hat – auch wenn der nicht Haus und Hof, sondern auf seinen Wanderzügen ein gleichsam mobiles Territorium überwacht. Nur wenige sehen das lockerer, etwa der Beagle, dem auch ungebetene Gästen stets willkommen sind. Viele andere Hunde kennen hier jedoch keinen Spaß, vor allem dann nicht, wenn ihr Besitzer außer Haus ist. Es entspricht dem normalen Rudelverhalten, wenn ein Hund stellvertretend für seinen Rudelchef für Sicherheit sorgt, ein uneinsichtiger Überwächter, der keinen passieren lässt, stellt die Partnerschaft allerdings auf eine harte Probe.

Voll im Leben

Ihr Hund muss spüren, dass er ein willkommenes und respektiertes Familienmitglied ist. Er will dabei sein und mitmachen – so oft wie möglich und wo immer es geht. Ein

Hund, der immer wieder abgeschoben wird oder häufig alleine bleiben muss, verkümmert. Je nach Naturell reagiert er apathisch, trotzig oder aggressiv und entwickelt Untugenden und Verhaltensstörungen. Besonders problematisch sind Zwingerhunde, weil sie die Grundregeln des Zusammenlebens mit dem Menschen und ihren eigenen Artgenossen nicht kennen. Welpen, die in den wichtigen und prägenden Wochen ihres Lebens keinen Familienanschluss haben, entwickeln Verhaltensdefizite, die sich oft auch einer Therapie widersetzen.

Riskante Freizügigkeit

Ihr Hund darf in Ihrem Bett schlafen? Er hat die offizielle Erlaubnis, sich in Ihrem Lieblingssessel breit zu machen? Und sie sind der Überzeugung, dass Liebe durch den Magen geht und wollen nicht jedes Mal Nein sagen, wenn er bettelt? In den eigenen vier Wänden ist das durchaus in Ordnung, vor allem dann, wenn Sie und Ihr Hund damit glücklich sind. Bevor Sie ihm allerdings solche großzügigen Freiheiten gönnen, sollten Sie sich über die möglichen Konsequenzen im Klaren sein.

- Wenn nicht alle Familienmitglieder diese Freizügigkeiten akzeptieren, ist der Hausfrieden in Gefahr. Der Hund besteht auf seinen Rechten und macht nur selten Unterschiede zwischen den einzelnen Mitbewohnern.
- Von Ihren Gästen wird viel Nachsicht verlangt, wenn ihnen der Hund den Sessel streitig macht oder sie beim Essen stört.
- Freunde oder Verwandte sind selten davon erbaut, wenn Sie zu Besuch kommen und Ihr Hund ins Bett springt, die Schuhe apportiert oder das Essen stiebitzt.
- Selbst in einem hundefreundlichen Restaurant sind bettelnde Vierbeiner nicht willkommen.
- Mit einem Hund, der beim kleinsten Geräusch bellt, riskieren Sie in Hotels und Ferienwohnungen Hausverbot.

INFO

DIE MACHT DER TRIEBE

Triebhandlungen sind fest im Verhalten verankert. Zu den artgemäßen Handlungsmustern gehören beim Hund das Markieren im Revier, das Wälzen in streng riechenden Hinterlassenschaften, das Vergraben von Nahrung und das Sich-Im-Kreis-Drehen am Schlafplatz. Manche Verhaltensweisen treten auch in untypischen Situationen auf, etwa beim Verbuddeln imaginärer Beute im Wohnzimmer. Triebhandlungen sind Teil des natürlichen Verhaltensinventars und lassen sich durch Erziehungsmaßnahmen kaum beeinflussen.

My home is my castle: Der Hundekorb ist die Privatzone Ihres Vierbeiners. Hier darf er ungestört Siesta halten und kann in aller Ruhe beobachten, was seine Familie so treibt. Die eigene Schmusedecke ist ebenso Pflicht wie das Lieblingsspielzeug in Pfotennähe neben seinem Ruhelager.

TIPP

EINMAL TABU IMMER TABU

Was immer Sie Ihrem Hund erlauben oder verbieten, behalten Sie die einmal getroffene Entscheidung konsequent bei. Hunde sind Gewohnheitstiere: Wer heute Ja und morgen Nein sagt, gefährdet im Handumdrehen den Hausfrieden.

Der Hundeführerschein

Der Hundeführerschein bescheinigt dem Hundehalter, dass er über das notwendige Grundwissen für den richtigen Umgang mit seinem Tier verfügt und dass sich Herr und Hund in jeder Alltagssituation rücksichtsvoll und vorbildlich verhalten können. Wer den Hundeführerschein erwerben will, muss an Vorbereitungskursen teilnehmen und Prüfungen ablegen. Zentrale Themen der Ausbildung sind die Sachkunde des Halters sowie der Gehorsam und die Sozialverträglichkeit seines Hundes.

Hundeführerscheine werden von mehreren Organisationen und Verbänden mit teilweise unterschiedlichen Konzepten und Lehrgängen angeboten. Die Vorbereitungskurse und Prüfungen für den Hundeführerschein des VDH (Verband für das Deutsche Hundewesen → Adressen, Seite 47) werden bundesweit nach einheitlichen Kriterien und Konditionen und mit vom VDH ausgebildeten und anerkannten Ausbildern und Prüfern durchgeführt. Die Prüfung umfasst einen theoretischen und einen praktischen Teil. Das Ausbildungsangebot des VDH steht jedem Hundehalter offen.

Die Hausordnung für Tunichtgute

Das Rudel kommt für den Hund an erster Stelle. Die Anerkennung der Gemeinschaft ist die Triebfeder seiner Kooperationsbereitschaft. Fühlt er sich vernachlässigt oder ausgeschlossen, protestiert er und entwickelt Untugenden. Mangelhaftes Betragen kann auch durch diese Beziehungsprobleme ausgelöst werden:

➤ **Ansprüche.** Die Grundbedürfnisse des Hundes werden nicht respektiert. Häufigste Ursachen: zu wenig Auslauf, unzureichende Haltungsbedingungen, Störungen im Schlaf und beim Fressen, fehlende Zuwendung.

➤ **Rangordnung.** Die Hierarchie im Familienrudel ist nicht festgelegt. Der Hund muss Sie als Boss akzeptieren, eine antiautoritäre Erziehung bringt die Beziehung in Gefahr.

➤ **Beschäftigung.** Ein Hund braucht Aufgaben. Gelangweilte und unausgelastete Tiere kommen schnell auf dumme Gedanken und entwickeln Verhaltensdefizite.

Angsthase

Jeder Hund hat Angst vor dem Alleinsein. Nur in der Gemeinschaft fühlt er sich geborgen und stark. Allein gelassen zu werden, ist für ihn eine schlimme Erfahrung. Durch anhaltendes Heulen und Jaulen versucht er, den Kontakt zu seinem verlorenen Rudel wieder herzustellen.

Fettnapf ade: Schon der Welpe muss lernen, dass Alleinbleiben kein Abschied für immer ist. Anfangs nur kurz allein lassen. Fängt er zu heulen an, ins Zimmer gehen, im Nacken packen und sanft nach unten drücken. Der Welpe kennt diese Form der Zurechtweisung noch von seiner Mutter. Dabei nicht sprechen und Zimmer sofort wieder verlassen. Übung regelmäßig wiederholen und die Zeit des Alleinseins allmählich verlängern. Das Training ist erfolgreicher, wenn der Hund nach Sport, Spiel oder Fütterung müde ist. Beschäftigung mit Spielzeug oder Kauknochen lenkt den allein gelassenen Hund ab, ein alter Pullover gibt ihm das Gefühl Ihrer Nähe, leise Musik beruhigt. Welpen sollten bis zur 16. Lebenswoche nie länger als 30 Minuten allein sein.

INFO

UND PLÖTZLICH UNSAUBER?

Wie aus heiterem Himmel vergisst sich der bisher stubenreine Hund in der Wohnung. Häufigste Ursache ist Protest. Typische Auslöser: fehlende Zuwendung, Eifersucht, Stress und Hektik, unregelmäßiger Tagesablauf, Umzug, Futterwechsel. Erst wenn die störende Situation bereinigt ist, gibt der Hund sein Protestverhalten auf. Anhaltende Unsauberkeit kann auch durch Krankheit ausgelöst werden. Im Zweifelsfall immer zum Tierarzt.

1 Gelegenheit macht Diebe: Bei Essen auf dem Tisch kann nicht jeder widerstehen. Der beste Schutz gegen Mundräuber: nicht in Versuchung führen und Essbares wegräumen.

2 Es ist zum Heulen! Lautstark ruft der allein gelassene Hund nach seiner Familie. Wenn man mit der Erziehung zum Alleinsein schon beim Welpen beginnt, gibt es auch später keine Probleme mehr.

Bettler

Er bettelt, wenn jemand in der Küche ist, er bettelt bei Tisch, er bettelt die ganze Familie, alle Freunde und jeden Fremden an. Bettler nerven, bekommen meist ungesunde Sachen zugesteckt und haben oft Taillenprobleme.

Fettnapf ade: Auch der süßeste Welpe erhält sein Futter immer nur im Napf, inklusive der Leckerbissen zwischendurch. Handfütterung nur zur Belohnung im Training oder wenn es medizinisch nötig ist. Hartnäckige Bettler werden mit „Bleib!“ auf ihr Lager geschickt.

Dieb und Mundräuber

Alles, was essbar ist, ist verlockend. Das Erbe der Vorfahren sitzt beim Hund tief: Wer nicht weiß, ob er morgen satt wird, verputzt, was ihm zwischen die Zähne kommt.

Fettnapf ade: Führen Sie Ihren Hund nicht in Versuchung: Wurst im Einkaufskorb und keiner in der Nähe? Da wird jeder schwach. Heilsamer Schreck: Blechdose an Köder anbinden und so am Tischrand platzieren, dass sie scheppernd herunterfällt, wenn der Dieb zuschlägt. Sie selbst müssen während der Aktion unsichtbar bleiben.

Eifersüchtiger

Ein Baby, der neue Lebenspartner, ein süßer Welpe – und schon ist der Vierbeiner beleidigt oder wird sogar richtig böse. Auch Hunde kennen Eifersucht und zeigen ihre Abneigung unmissverständlich.

Fettnapf ade: Ihr Hund braucht das Gefühl, dass er immer noch die Nummer Eins ist. Kümmern Sie sich jetzt besonders um ihn. Machen Sie ihn schon bald behutsam mit dem Baby bekannt und sperren Sie ihn auf keinen Fall aus dem Kinderzimmer aus. Ein neues Heimtier sollte nicht ständig in Gegenwart des Hundes gestreichelt werden und Ihr neuer Partner gewinnt sein Vertrauen am schnellsten beim Füttern und gemeinsamen Gassigehen.

Federrupfer: Trennungsangst und Langeweile führen oft zu Zerstörungswut.

TIPP
ERZIEHUNGSHILFE VOM PROFI

Wenn man die Probleme mit seinem Hund nicht in den Griff bekommt, ist professionelle Hilfe nötig. Die gibt es in Hundeschulen, bei Tiertherapeuten und in Erziehungskursen. Hier kennt man auch die spezifischen Eigenschaften und Eigenheiten einzelner Rassen. Je nach Problemfall wird der Hund in der Gruppe oder einzeln therapiert, zum Teil im Beisein seines Besitzers. Die Adressen kompetenter Erzieher vermitteln Ihnen Züchter und Tierarzt.

Kläffer

Ständiges Bellen nervt alle. Besonders ausgeprägt ist die Lust am Kläffen bei Terriern und Spitzen.

Fettnapf ade: Beschäftigung ist das beste Anti-Kläff-Rezept: mit Lieblingsspielzeug, Kauknochen oder als Bewacher einer Tasche und Herrchens altem Pullover. Lassen Sie ihn „Platz!“ machen, wenn er ständig bellt. Im Liegen fühlt er sich unsicherer und gibt schnell Ruhe.

Vandale

Zerfledderte Kissen, zerkratzte Türen, angeknabberte Stuhlbeine: Die Zerstörungswut mancher Hunde kennt keine Grenzen.

Fettnapf ade: Beim allein gelassenen Hund sind Trennungsangst oder Langeweile die Ursachen des Vandalismus. Trennungsangst deutet auf fehlendes Vertrauen hin; hier sind Zuwendung und Nähe wichtig. Bei Langeweile hilft Beschäftigung. Leicht erregbare Hunde, die aus Wut über die Möbel herfallen, sobald sie etwas vor der Tür oder im Treppenhaus hören, lenkt man mit Übungen ab, die ihre Aufmerksamkeit fordern (Versteck-, Such- oder Denkspiele). Gefährdete Stellen eventuell vorübergehend mit bitter schmeckenden Stoffen schützen.

Türsteher

Manche Hunde nehmen die Wächterrolle zu ernst. Selbst im Beisein des Besitzers reagieren sie abweisend oder aggressiv auf Gäste.

Fettnapf ade: Der Hund übernimmt die Funktion des Rudelchefs, wenn der keine Entscheidung trifft. Rufen Sie ihn mit „Aus!" zurück, gehen Sie vor ihm zur Tür und machen Sie ihn mit dem Besuch bekannt. Frischen Sie die Grunderziehung auf, um die Rangordnung zu festigen. Evtl. ist Hilfe vom Profi (→ Tipp, Seite 20) nötig.

Schmuselappen

Zu viel Zärtlichkeit: Der Hund leckt ständig Hände und Gesicht ab und springt Sie an.

Fettnapf ade: Streicheln Sie ihm über den Rücken und drücken ihn dabei sanft nach unten, wenn er Sie ablecken will. Wenden Sie sich ab, wenn er an Ihnen hochspringt und lassen Sie ihn „Sitz!" machen. Loben Sie ihn, sobald er sich beruhigt hat. Treten Sie aber bitte einem hochspringenden Hund nie auf die Pfoten und drücken Sie ihn auch nicht mit dem Knie weg.

INFO

FRIEDE, FREUDE, KATZENFREUNDE

Die Freundschaft zwischen Hunden und Katzen, die miteinander aufwachsen, hält ein Leben lang. Bei erwachsenen Tieren hat eher die Katze Berührungsängste, vor allem wenn sie vor dem Hund Hausrecht hatte. Hunde mit starkem Jagdtrieb dürfen nur unter Aufsicht mit Katzen und anderen Haustieren zusammen sein. Jedes Tier hat Anspruch auf seine Privatsphäre mit Schlafplatz, Futternapf und eigenem Spielzeug. Die Wohnung sollte so viel Platz und Rückzugsmöglichkeiten bieten, dass sich die tierischen Hausgenossen bei Bedarf auch aus dem Weg gehen können.

Für böse Buben ist kein Platz im Garten

SO BRINGEN SIE DEM ZAUNKRIEGER BENIMM BEI

Der Garten gehört zum Revier Ihres Hundes. Der ideale Platz, um Frischluft zu tanken, mit Herrchen zu spielen oder sich sportlich fit zu halten. Aber nur, wenn er den Garten-Knigge kennt. Radaubrüder, Wühlmäuse, Katzenjäger und Zaunkrieger müssen vorher die Schulbank drücken.

Zaunwächter: Ein Hund, der abweisend oder aggressiv auf Fremde reagiert, darf nur unter Aufsicht in den Garten. Grundgehorsam ist Pflicht: In Ihrer Gegenwart muss er sich friedlich verhalten und auf „Fuß!“ sofort zu Ihnen zurückkommen. Ein Warnschild am Gartentürchen schützt vor unliebsamen Begegnungen.
Radaubruder: Ein leicht erregbarer Hund verbellt

Grenzkontrolle: Wer einen unnachgiebigen Haus- und Hofwächter besitzt, kann ihn nicht unbeaufsichtigt frei im Garten laufen lassen. Im Beisein des Besitzers muss sich der Wildfang am Zaun immer friedlich verhalten.

Wilde Hatz: Wenn Ihr Hund Katzen als Beute betrachtet, müssen Sie sicherstellen, dass er keine Gelegenheit zur Jagd findet. Welpen, die mit Katzen aufwachsen, schließen mit ihnen Freundschaft fürs ganze Leben.

Passanten und vorbeifahrende Autos. Spielangebote und Beschäftigungsaufträge lenken ihn ab. Hilfreich ist ein Sichtschutz zur Straße. Dauerbeller ins Haus rufen und Platz machen lassen.

Wühlmaus: Bieten Sie dem Hund in der Gartenecke ein eigenes Buddelbeet (Sand, Erde) an. Hartnäckige Erdarbeiter hält man mit einem Zaun von den Gemüse- und Blumenbeeten fern.

Katzenjäger: Die Lust am Jagen sitzt bei manchen Hunden tief. Die Katzen der Nachbarschaft registrieren schnell, wo sie unerwünscht sind und meiden das Revier des bösen Buben. Sichern Sie den Gartenzaun so, dass Ihr Hund nicht ausbrechen kann, um eine Katze zu verfolgen. Lassen Sie ihn nur zu festen Zeiten in den Garten und sprechen Sie diese Termine mit den Nachbarn ab.

Tipps & Tricks

✔ Auf Nummer Sicher: Verschließen Sie die Gartenpforte, solange Ihr Hund frei auf dem Grundstück läuft.

✔ Hecke oder Zaun müssen so hoch sein, dass sie nicht übersprungen werden können (bei Kleinhunden 1 m, bei großen bis 2 m).

✔ In die Erde eingegrabener Maschendraht verhindert, dass buddelfreudige Vierbeiner sich unter dem Zaun hindurchwühlen.

✔ Auf halber Höhe in 50 cm Abstand parallel zum Zaun Seil mit dicht nebeneinander hängenden Blechdosen spannen. Das Klappern schreckt alle Springer ab.

✔ Sein Geschäft erledigt Ihr Hund beim Spaziergang. Der Garten gehört zu seinem Revier und bleibt sauber.

✔ Bitte nicht vergessen: Auslauf im Garten ist kein Ersatz fürs Gassigehen.

Was macht Ihr Hund, wenn Besuch kommt?

Draußen friedlich und freundlich, in der Wohnung grantig und abweisend: Manche Hunde zeigen deutlich, dass sie Besucher als unliebsame Eindringlinge in ihr Revier betrachten. Andere sind von jedem, der an der Haustür klingelt, so begeistert, dass der sich ihrer Zuneigung kaum erwehren kann.

Hausfreunde und Partygäste

➤ **So taut das Eis.** Empfangen Sie Besucher gemeinsam mit dem Hund und signalisieren Sie ihm so, dass die Gäste willkommen ist. Am besten lernt er Fremde kennen, wenn er sie beschnuppern darf. Manche Menschen fürchten sich vor Hunden. In ihrer Gegenwart sollten auch freundliche Hunde angeleint werden. Lassen Sie Besucher nicht alleine mit dem Hund im Zimmer und sorgen Sie dafür, dass Übernachtungsgäste ihm nicht unversehens gegenüberstehen. Laute Musik, hektische Bewegung und viele fremde Menschen sind nicht das, wovon Ihr Hund träumt: Bei einer Party bleibt er ausnahmsweise in einem anderen Zimmer.

➤ **Wie man Freunde begrüßt.** Viele Hunde geraten aus dem Häuschen, wenn Freunde zu Besuch kommen. An schmutzigen Pfoten auf der Kleidung und der nassen Hundezunge im Gesicht hat nicht jeder Gefallen. Kinder können von einem hochspringenden Hund umgeworfen oder mit den Krallen im Gesicht verletzt werden. Wiederholen Sie die Erziehungsübung für Schmuselappen (→ Seite 21). Bitten Sie Ihre Freunde, auf eine überschwängliche Begrüßung zu verzichten und sich abzuwenden, wenn der Hund sie anspringt. Stoppen Sie ihn mit „Aus!" oder lenken Sie ihn mit einem Leckerbissen ab, wenn er am Bein eines Gastes aufreitet. Der Versuch ihn abzuschütteln, bewirkt meist eher das Gegenteil. Bei eifersüchtigen Hunden ist Vorsicht geboten, wenn Sie Besucher zur Begrüßung umarmen.

Die Post ist da!

Mit dem Briefträger hat mancher Hund Probleme. Die Ursache liegt auf der Hand: Der Postmann dringt ohne Vorwarnung in sein Revier ein und wahrt die Etikette der Begrüßung nicht. Holen Sie das nach: Bitten Sie den Postboten ins Haus und begrüßen Sie ihn im Beisein des Hundes. Bei Gelegenheit wiederholen, bis der Vierbeiner ihn als Freund der Familie akzeptiert.

Wenn Ihr Hund umzieht

KEIN STRESS MIT DEN NACHBARN

Halb so wild: Für Ihren Hund ist ein Wohnungswechsel weniger dramatisch als etwa für die Katze. Solange Sie bei ihm sind, macht er alles mit. Und mit ein bisschen Geduld und Verständnis vermeiden Sie, dass es in der neuen Heimat Missverständnisse und Ärger gibt.

STRESSFREIER UMZUG

Ersparen Sie Ihrem Hund die Umzugsaufregung. Es nervt alle, wenn er Ihnen zwischen Kisten und Kartons ständig vor die Füße läuft. Am besten verbringt er den Tag außer Haus – auf einem Ausflug oder bei Freunden. In die neue Wohnung sollte er erst, wenn zumindest die Möbel stehen und sein Lager einen festen Platz hat.

HALLO NACHBARN!

Am neuen Wohnort müssen Sie auf Ihre Mitbewohner und die Nachbarn Rücksicht nehmen. Ängste und Vorbehalte werden leichter abgebaut, wenn Sie Ihren Hund den Anwohnern und Mitmietern vorstellen. Auch ein Begrüßungszettel im Briefkasten bricht das Eis. Bitten Sie um Nachsicht, falls er sich in der ersten Zeit einmal daneben benehmen sollte. Diese Problemfälle können den Hausfrieden gefährden:

Kläffer: Hunde, die ständig bellen und auch nachts keine Ruhe geben, stellen die Toleranz aller Nachbarn auf eine harte Probe.

Großhunde: Viele Menschen fürchten sich vor allem vor großen Hunden. Lassen Sie Ihren Hund nicht frei im Mehrparteienhaus laufen und sichern Sie Ihr Grundstück mit einem ausbruchsicheren Zaun.

Streithammel: Wer den dicken Max markiert und ständig Zoff mit anderen Hunden sucht, ist eine Gefahr für die Umgebung und wird von allen gemieden.

Katzenhasser: Wer keinen Finger rührt, wenn sein Bello Katzen jagt und Nachbars Gemüsebeete umgräbt, verscherzt es auch mit den gutwilligsten Anwohnern. Wie Ihr Hund ein umgänglicher Hausfreund wird, lesen Sie in der Hausordnung für Tunichtgute (→ Seite 18).

DAS NEUE REVIER

Der Hund markiert in der Wohnung nicht, weil dort alles nach ihm und seinen Menschen riecht. Reiben Sie die neuen Möbel in der neuen Wohnung mit einem getragenen Pullover o. ä. ein, um für den gewohnten „Stallgeruch“ zu sorgen. Lassen Sie auch einen folgsamen Hund bei den ersten Spaziergängen in der noch fremden Umgebung an der Leine, bis er mit dem Revier vertraut ist.

In jeder Lebenslage ein echter Kavalier und Gentleman

In den eigenen vier Wänden bestimmt man selbst, welche Freiheiten ein Hund hat. Draußen vor der Tür gibt es Verordnungen und Vorschriften. Aber auch da, wo das Miteinander von Mensch und Hund nicht geregelt ist, haben Sie es mit einem folgsamen und umgänglichen Hund viel leichter.

Ein Gentleman kann sich sehen lassen

Der Mensch ist mobiler geworden und mit ihm sein Hund. Es ist für uns längst selbstverständlich, dass der Hund überall dabei ist – auf Reisen, beim Shoppen, beim Sport und bei allen möglichen Freizeitaktivitäten. Und ebenso selbstverständlich erwarten wir von ihm, dass er in jeder Situation ein perfekter und anpassungsfähiger Begleiter ist. Dank ihres ererbten Gemeinschaftssinns bringen Hunde mehr als alle anderen Heimtiere die Veranlagung und Bereitschaft mit, sich in ihr soziales Umfeld zu integrieren und in den unterschiedlichsten Lebenslagen zu behaupten. Aufgabe des Hundehalters ist es, diese Bereitschaft durch eine sorgfältige Erziehung und behutsame Anleitung zum Miteinander zu fördern.

Wie folgsam ist Ihr Hund?

Ohne eine fundierte Grunderziehung läuft gar nichts! Ein Hund, der die wichtigsten Kommandos nicht kennt, bringt sich, uns und andere in Schwierigkeiten. Mit einem aufsässigen Vierbeiner kann schon ein kurzer Spaziergang um den Häuserblock zum stressigen Risikoabenteuer werden.

Das sind die wichtigsten Befehle, die jeder Hund beherrschen sollte:

➤ **Sitz!** Mit „Sitz!" halten Sie Ihren Hund unter Kontrolle und stoppen ihn in der Bewegung. Sitz macht er nach dem Herankommen auf „Hier!" (Vorsitzen) und sobald Sie anhalten, wenn er bei Fuß geht. „Sitz!" ist die Voraussetzung für „Platz!". Der sitzende Hund ist aufmerksam und auf seinen Herrn fixiert. Sitzen bei Fuß ist die Grundstellung in Erziehung und Ausbildung.

➤ **Platz!** Unverzichtbar, wenn Ihr Hund länger an einer Stelle bleiben soll, z. B. im Restaurant oder in der Bahn. Hunde fühlen sich im Liegen unsicherer. Mit „Platz!" kann ein aufmüpfiger Vierbeiner leichter kontrolliert und ein Kläffer ruhig gestellt werden.

➤ **Hier!** Sofortiges Befolgen des Befehls schützt den Hund und seine Umgebung vor unliebsamen und gefährlichen Situationen. Reagiert er zuverlässig auf „Hier!", kann man ihm mehr Freiheiten erlauben als dem weniger folgsamen Artgenossen – etwa beim Gassigehen ohne Leine.

➤ **Fuß!** Der Hund geht auf gleicher Höhe neben seinem Besitzer. Ist er angeleint, soll die Leine leicht durchhängen. Pflicht im Straßenverkehr, in der Stadt und überall dort, wo man auf viele Menschen trifft.

➤ **Bleib!** Der Hund bleibt am zugewiesenen Platz, auch wenn sein Besitzer weggeht – zum Beispiel im Nebenzimmer, wenn Besuch im Haus ist. Jungen Hunden, die ihrem Menschen ständig folgen wollen, fällt das Erlernen des Kommandos besonders schwer.

Grundschule ist Pflicht: Jeder Hund sollte die wichtigsten Befehle beherrschen.

Konflikte vermeiden

Wer sich mit dem Hund in der Öffentlichkeit bewegt und ein Näschen für mögliche Konflikte hat, kann vorausschauend unangenehme Situationen vermeiden. Hier zählen Umsicht und Zurückhaltung besonders:

➤ Begegnungen mit Joggern, Radfahrern, Skatern und Menschen, die Hunde fürchten

➤ Kinder und Hunde

➤ Wildtiere und Fährten von Wild

➤ Kontakte mit Artgenossen

Lieber an die Leine!

Ihr Hund lernt die Leine lieben, wenn er sie schon als Welpe mit Ausflügen in die Natur verknüpft. Sie ist für ihn Herrchens verlängerter Arm, und an der Leine zu laufen empfindet er als die natürlichste Sache der Welt.

TIPP
DIE UNSICHTBARE LEINE

Für erfahrene Hundehalter ist es ein alter Hut: Vor jeder Gassi-Tour stopfen sie sich etwas Trockenfutter in die Tasche. Läuft ihr Hund unterwegs einmal weiter weg als erlaubt, reicht ein kurzes „Leckerli!“ und im Handumdrehen ist er wieder an ihrer Seite.

An die Leine müssen Hunde in vielen Stadtparks und auf Kinderspielplätzen. Die Kommunen entscheiden dabei nach eigenem Ermessen, wo die Leine vorgeschrieben ist. Bundesweit besteht darüber hinaus für alle als gefährlich eingestuften Hunderassen neben der Pflicht zum Maulkorb auch ein Leinenzwang. Grundsätzlich sollte selbst der folgsamste Hund zu seiner eigenen und der Sicherheit anderer an stark befahrenen Straßen, in Fußgängerzonen, im Wald und in wildreicher Umgebung und in allen unübersichtlichen Situationen an die Leine genommen werden. Wichtiges über die Erziehung zur Leinenführigkeit (→ Seite 34).

Auf Tour in Wald und freier Natur

Bewegung hält Ihren Hund fit an Körper und Seele. Der richtige Platz dafür ist die freie Natur abseits von Stadt und Verkehr. Auch hier müssen Sie Rücksicht nehmen und Ge- und Verbote beachten. Wichtig ist, dass Ihr Hund die Benimmregeln kennt und Sie ihn unter Kontrolle haben. Als Halter haften Sie für Schäden, die er verursacht. Mit einer Tierhalter-Haftpflichtversicherung sind Sie im Ernstfall vor eventuell erheblichen finanziellen Forderungen geschützt (→ Tipp, Seite 45).

Streuner

Der Hund büxt bei jeder Gelegenheit aus und kommt erst nach Stunden, manchmal sogar erst am nächsten Tag wieder nach Hause zurück.

Fettnapf ade: Bewegungsmangel und Langeweile, aber auch dominante Artgenossen im Haus oder der Ruf der Liebe sind typische Auslöser des Streunens. Zuwendung, Beschäftigung und Spielangebote sorgen für mehr Nähe und Vertrauen. Bei Liebeskrankheit helfen nur Hausarrest und die Leinenpflicht beim Gassigehen. Streunen ist mehr als nur eine schlechte Angewohnheit: Streunende Hunde bringen sich selbst und andere in große Gefahr – im Straßenverkehr und in freier Natur (Wildtiere).

Jäger

Er hat eine Fährte gewittert und ist nicht zu bremsen, er jagt Katzen und Hasen und verfolgt Jogger und Radler.

Fettnapf ade: Zuerst nur mit Leine trainieren. Macht er Anstalten zur Jagd und zerrt an der Leine, mit scharfem „Aus!“ tadeln und „Fuß!“ befehlen. Nie an der Leine heranziehen, sonst verknüpft er Tadel und Zurückkommen. Welpen mit Spielzeug oder Leckerbissen ablenken, wenn sie Katzen und Hühnern nachlaufen. Rassen mit starkem Jagdtrieb gehören in wildreicher Umgebung an die Leine.

Baderüpel

Er springt in jeden See und Bach, jagt die Wasservögel und mischt im Wasser und an Land bei den Spielen der anderen Badegäste mit.

Jagdtrieb: Hat der Hund bereits die Verfolgung aufgenommen, ist er nur noch schwer zu bremsen.

Fettnapf ade: Schwimmerlaubnis nur, wenn der Hund auf Kommando „Hier!" sofort ans Ufer kommt. Wassersüchtige Rassen wie zum Beispiel Neufundländer in Gewässernähe anleinen. Badestopp zur Brutzeit der Wasservögel, Badeverbot in Naturschutzzonen (Gebotsschilder beachten).

Fettnapf ade: Für den Wegelagerer ist die stabile Grunderziehung wichtig. Rufen Sie ihn mit „Hier!" zu sich, wenn Jogger, Radfahrer oder Reiter in Sichtweite sind. Lassen Sie ihn Sitz oder Platz machen und loben Sie ihn, wenn er sich gesittet verhält. Danach darf er wieder frei laufen.

Raufbold

Seine „Intimfeinde" sind für ihn ein rotes Tuch. Aber auch sonst bricht er oft einen Streit mit anderen Hunden vom Zaun.

Fettnapf ade: Es sind meist Angsthasen, die im Beisein ihres Besitzers den dicken Max spielen. Lassen Sie Ihren Hund von der Leine, wenn sich ein frei laufender Artgenosse nähert. Gehen Sie einfach weiter, wenn die beiden sich in die Haare geraten – ohne Herrchens Rückendeckung verlässt viele Raufbolde der Mut. Versuchen Sie nicht, kämpfende Hunde zu trennen. Im Eifer des Gefechts kann auch Ihr Hund nach Ihnen schnappen.

Wegelagerer

Er gerät aus dem Häuschen und will unbedingt mitmachen, wenn er spielende Kinder sieht, er springt Wanderer und Jogger an und kommt Radlern gefährlich in die Quere.

TIPP

BENIMMREGELN BEIM TIERARZT

Im Wartezimmer des Tierarztes sind selbst die größten Maulhelden meist friedlich, weil sie durch die ungewohnte Umgebung und die vielen Gerüche verunsichert werden. Um mögliche Ansteckungen zu verhindern, sollte Ihr Hund nicht frei herumlaufen und andere Tiere beschnuppern. Halten Sie daher Ihren Hund immer an der kurzen Leine, auch wenn er aufs Wort gehorcht.

Stinktier

Er wälzt sich bei jeder Gelegenheit in Kuhmist, Vogelkot und anderen übel riechenden Hinterlassenschaften.

Fettnapf ade: Das „Duftbad" ist eine Instinkthandlung, mit der ein Hund seinen Eigengeruch überdeckt. Der Trieb sitzt tief und lässt sich nicht vollständig kontrollieren. Üben Sie möglichst schon mit dem angeleinten Welpen: kurz und heftig an der Leine rucken und „Aus!" rufen, wenn er sich wälzen will. Nach mehreren Wiederholungen macht man den Praxistest ohne Leine. Die Rückfallquote ist leider hoch.

Keine Chance für Rabauken

Der Gruppenspaziergang ist für jeden Hund das Highlight des Tages. Gemeinsam lässt es sich herrlich stöbern, um die Wette rennen oder zur wilden Jagd starten. Oft entstehen hier enge Freundschaften. Rabauken und Spielverderber werden von der Gemeinschaft schnell zur Räson gebracht.

Fettnapf ade: Der Frieden kommt in Gefahr, wenn Hunde ihren Privatbesitz verteidigen. Das persönliche Spielzeug und der Lieblingsball Ihres Hundes bleiben daher zu Hause. Gruppenverbot haben läufige Hündinnen, weil sonst die Hundeherren für nichts garantieren können.

Der Knigge fürs Rad

Gefragt sind gute Mitläufer: Richtiges Benehmen am Fahrrad ist mehr als eine Frage der Etikette; es schützt Herr und Hund vor Sturz und Verletzungen. So wird trainiert: Zuerst Rad schieben und den Hund auf der rechten Seite an der Leine führen. Mit Leinenruck und Kommando (z. B. „Rad!“) korrigieren, wenn er die Seite wechselt oder an der Leine zerrt. Später Tempo so wählen, dass er im Trab auf gleicher Höhe bleibt.

Fettnapf ade: Am Rad erlaubt sind nur Hunde mit zuverlässiger Grunderziehung. Überfordern Sie weniger lauffreudige Tiere nicht mit Extremtouren. Leine nie um die Hand schlingen, damit Sie im Notfall sofort loslassen können.

Verhaltensregeln für den Citytrip

An jeder Ecke gibt es tausend Dinge zu entdecken: verlockende Gerüche, fremdartige Geräusche, aufregende Situationen. Für den Hund ist der Citytrip ein Abenteuer ohne Ende. An einem Nachmittag erlebt er hier mehr als auf der üblichen Gassi-Tour im ganzen Monat. Bei so viel Trubel und Hektik fällt es nicht leicht, sich richtig zu verhalten. Das sind die häufigsten Fettnäpfchen, in die Ihr Hund beim Stadtbummel treten kann:

Dickkopf

Er setzt viel zu oft seinen Kopf durch und der bringt ihn immer wieder auf Abwege.

Fettnapf ade: Ungehorsam kann in der Stadt böse Folgen haben. Konsequente Erziehung ist die Basis der stabilen Rangordnung. Wenn erwachsene Hunde die Nachgiebigkeit ihrer Besitzer ausnutzen, ist der Unterordnungskurs in einer Hundeschule in den meisten Fällen unumgänglich.

Kinder und Hunde

EIN HERZ UND EINE SEELE

Alle Kinder lieben Hunde und fast alle Hunde finden Kinder toll. Damit die wunderbare Freundschaft keinen Knacks bekommt, sollten einige Benimmregeln eingehalten werden – von den Hunden und den Kindern.

KÜSSCHEN VERBOTEN

Das Ablecken von Händen und Gesicht ist ein Liebesbeweis des Hundes. Da sich kleinere Kinder gegen die Zuneigungsattacken kaum wehren können, muss schon der Welpe mit „Aus!" oder „Pfui!" konsequent davon abgehalten werden. Für die Kinder gilt: nach Spiel und Beschäftigung mit dem Hund die Hände waschen.

SPIELREGELN

➤ Spielerlaubnis: Mitspielen darf ein Hund nur, wenn er den Kindern gehorcht. Beim Kommando „Aus!" muss er in jeder Situation loslassen.
➤ Spielstopp: Spiel sofort abbrechen, wenn der Hund im Spieleifer jede Zurückhaltung verliert. Sitz oder Platz machen lassen, bis er sich wieder beruhigt hat.
➤ Spielverbot: Zähne und Krallen des Hundes stellen ein hohes Verletzungsrisiko dar. Kampfspiele mit Hunden sind für Kinder tabu.
➤ Spielpartner: Nur mit einem ausgeglichenen und hellwachen Hund macht das Spiel erst so richtig Spaß.

DER RICHTIGE UMGANG MIT DEM HUND

Rücksichtsvolle Behandlung und sanftes Spiel: Was man vom Hund erwartet, sollte auch für die Kinder gelten.
➤ Nicht am Schwanz oder am Fell ziehen, nicht in die Augen greifen oder gar ins Gesicht schlagen.
➤ Hunde reagieren empfindlich auf Geschrei und hektische Bewegungen.
➤ Nur von vorne auf einen Hund zugehen, damit er nicht erschrickt und im Abwehrreflex zuschnappt.
➤ Niemals am Futternapf oder bei der Siesta stören.
➤ Vor allem kleine Kinder sollten nicht versuchen, den Hund hochzuheben.
➤ Kinder unter zehn Jahren sollten einen Hund noch nicht selbstständig betreuen.

TOLLE KINDERHUNDE

Diese Hunde haben ein großes Herz für Kinder: Basset, Beagle, Berner Sennenhund, Bobtail, Boxer, Cavalier King Charles Spaniel, Cocker Spaniel, Collie, Golden und Labrador Retriever, Havaneser, Kleinpudel, Tibet Spaniel, West Highland Terrier.

LIEBER AUF DISTANZ

Nicht immer geduldig mit Kindern: Chihuahua, Chow Chow, Dackel, Lhasa Apso, Pekingese, Yorkshire.

Zappelphilipp

Er findet alles toll, läuft hierhin und dorthin und wenn man ihn nicht ständig im Auge hat, sogar auf die Straße. Der Zappelphilipp ist ein anstrengender Begleiter.

Fettnapf ade: Gewöhnen Sie schon den Welpen an fremde Geräusche und Gerüche. Mit konsequentem „Sitz!“ lernt er schnell, dass er an jeder Straße warten muss, bis Sie ihm mit „Fuß!“ grünes Licht geben. Lassen Sie ihn Platz machen, wenn er vor lauter Begeisterung nicht mehr zu bremsen ist und gehen Sie erst weiter, wenn er sich wieder völlig beruhigt hat.

Leinenkämpfer

Nie geht es ihm schnell genug, ständig hat er neue verlockende Ziele im Auge und zerrt wie ein Ochse an der Leine. Jeder Spaziergang wird zum ermüdenden Kraftakt.

Fettnapf ade: Die Leinenführigkeit ist ein zentrales Ausbildungsziel. Nur wenn der Hund brav an der lockeren Leine läuft, ist er vor Gefahren geschützt und beide Seiten haben Spaß an den gemeinsamen Unternehmungen. So sieht das Leinentraining aus: Machen Sie sofort Halt, wenn Ihr Hund an der Leine zieht. Warten Sie ab, bis er locker lässt und sich Ihnen zuwendet. Erst dann loben Sie ihn und gehen weiter. Bei Trainingsstart fördern ein paar Belohnungshäppchen die Motivation. Konsequenz und regelmäßiges Üben zahlen sich aus.

Immer schön locker: Die Leinenführigkeit ist ein wichtiges Ausbildungsziel.

Naseweis

Er beschnuppert jeden, der ihm vor die Nase kommt, was nicht überall Freude auslöst.

Fettnapf ade: Ihr Hund soll Fremden freundlich begegnen, aber Distanz wahren. Bleiben Sie mit dem angeleinten Hund stehen, wenn er ein Schnupperobjekt im Visier hat. Ziehen Sie seine Aufmerksamkeit durch ein auffälliges Geräusch (z. B. Quietschtier) auf sich. Verstärken Sie die Zuwendung durch Lob und Belohnung.

Hasenfuß

Er will partout nicht in die U-Bahn und den Fußgängertunnel, zittert wie Espenlaub bei Autohupen und Martinshorn und gerät im Parkhaus fast in Panik. Vor allem junge Hunde haben Angst vor der fremden Stadt.

TIPP
EIN BISSCHEN FREIHEIT

Windhunde wie Afghane oder Barsoi und andere passionierte Jäger dürfen nur selten oder nie von der Leine. Mit einer Flexi- oder Langleine gönnt man ihnen beim Spaziergang zusätzliche Bewegungsfreiheit. Die Etikette an der Leine muss aber auch hier stimmen.

Fettnapf ade: Ein Hund, der sich ängstigt, reagiert oft unvorhersehbar und gefährdet sich und seine Umgebung. Selbstsicherheit gewinnt er durch die frühzeitige Gewöhnung an unbekannte Situationen und Geräusche. Ein Welpe, der mit Fahrradklingel, Kindertröte oder Signalpfeife vertraut ist, nimmt auch die lärmende Großstadt gelassen. Auf Plastikfolien und ähnlichen Materialien gewöhnt er sich rasch an fremdartige Bodenbeläge, beim Kriechen durch eine Röhre aus Laken und Tüchern verliert er die Angst vor Unterführungen und Tunnels.

Schmutzfink

Er löst sich, wo immer es ihm in den Sinn kommt – auf dem Bürgersteig und mitten in der Fußgängerzone.

Fettnapf ade: Strafen und böse Worte erzielen keine Wirkung, wenn sich Ihr Hund am falschen Platz löst. Was für die Stubenreinheit beim Welpen gilt, macht auch für erwachsene Hunde Sinn, die ihre gute Kinderstube vergessen: möglichst zu festen Zeiten geeignete Löseplätze ansteuern und den Hund loben, wenn er folgsam sein Geschäft verrichtet. Wird er schon vorher unruhig, beschleunigt man den Schritt oder läuft im Trab, damit er nicht auf dumme Gedanken kommt. Drängt es beim Stadtbummel einmal sehr, doch weit und breit ist kein grünes Fleckchen in Sicht, müssen Sie die Hinterlassenschaften Ihres Hundes auf jeden Fall entsorgen. Ansonsten sind Stress und Ärger mit Passanten vorprogrammiert. Zum Beispiel mit einer Plastiktüte, die Ihr Hund auch in einer kleinen Box (siehe Foto) selbst mit auf Tour nehmen darf. Oder einem Kotbeutel, wie er von manchen Kommunen in Automaten angeboten oder über die Stadtverwaltung bezogen werden kann.

Miesepeter

Er knurrt Passanten an und reagiert abweisend, wenn sich ihm fremde Menschen oder fremde Artgenossen nähern.

Fettnapf ade: Distanziertes Verhalten beim Hund geht meist auf die Jugendzeit zurück, in der er nicht richtig sozialisiert wurde. Es ist aber auch typisch für Hunde, die übermäßig beschützt und verhätschelt werden. Am schnellsten werden die Miesepeter gesellschaftsfähig, wenn sie in einer Hundeschule den Umgang mit anderen Hunden lernen und in unterschiedlichsten Situationen Erfahrungen sammeln. Für die extrem auf eine Person fixierten Mamasöhnchen ist dabei die vorübergehende Trennung von ihrem Besitzer sinnvoll.

Autojäger

Manche Hunde nutzen jede Gelegenheit, um wild bellend Autos zu verfolgen.

Fettnapf ade: Ein Autojäger schwebt ständig in Lebensgefahr, wenn er sich ohne Rücksicht auf Verluste auf die Straße stürzt oder dicht neben einem startenden Auto herläuft. Die üble Angewohnheit sitzt tief und erfordert drastische Maßnahmen: Hund an die Langleine nehmen. Ein Helfer fährt mit dem Auto los, der Jäger wird nach einigen Metern abrupt von der Leine gebremst. Verstärken Sie sein richtiges Verhalten durch Lob und Belohnung, wenn er jetzt klein beigibt und zu Ihnen zurückkommt.

Stadtindianer auf der Pirsch

Speziell für den jungen Hund sind die ersten Citytrips gleichsam ein Survival-Training, bei dem er mit ständig neuen und wechselnden Bedingungen konfrontiert wird. Mit behutsamer und geduldiger Anleitung kapiert ein Hund jedoch schnell, wie er sich wo zu verhalten hat. Hier sind am Anfang kleine Hilfestellungen nötig: in Straßenbahn und U-Bahn; in Bahnhöfen, Kaufhäusern, Fußgängerzonen und auf stark frequentierten Plätzen; auf Brücken und wegen des ungewohnten Lärms und der Scheinwerfer vor allem in Tunnels mit Autoverkehr. Wo ihm das Schild „Ich bleibe draußen!“ den Zugang verwehrt, muss er ohne zu murren und zu lärmen auf die Rückkehr seines Herrn warten und in den städtischen Grünanlagen soll er sich natürlich bei Begegnungen mit Artgenossen cool und umgänglich und immer von seiner besten Seite zeigen.

TIPP
WENN ZWEI SICH PRÜGELN...

... sollten Sie nie dazwischengehen. Hundekämpfe sehen dramatischer aus als sie es wirklich sind. Meist kommen die Streithähne ohne ernsthafte Blessuren davon. Hündinnen gehen dabei allerdings meistens verbissener zur Sache als Rüden.

1 *Auf Nummer Sicher: In der Stadt gehört auch der folgsamste Hund an die Leine. Das vermindert Risiken in Schrecksituationen und im Straßenverkehr.*

2 *Etikette nach Hundeart: Die Begegnung zwischen fremden Hunden folgt einem festen Verhaltensmuster. Zu Missverständnissen kommt es nur sehr selten; fast immer läuft alles friedlich und freundschaftlich ab.*

3 *Der Partner an Ihrer Seite: Reisen mit Auto, Bahn und Bus gehören heute zum gewohnten Hundealltag. Die richtigen Benimmregeln sollte schon der Welpe kennen.*

Fair geht vor im Sport und Verkehr

Beim Sport im Verein beweist Ihr Hund Fitness und Geschicklichkeit und kann sich mit anderen Hunden messen. Gehorsam und richtiges Benehmen sind Pflicht. Das gilt auch auf Reisen mit Auto, Bahn, Bus und Flieger und in Restaurants und Hotels.

Knigge für Vereinssportler

➤ **Falschspieler:** Er verteidigt knurrend den Ball und andere Sportgeräte und beißt im Wettbewerb nach den Konkurrenten.

Fettnapf ade: Nachhilfe tut Not: Soziales Spiel und sportliche Fairness vermittelt der Gemeinschaftsunterricht in der Hundeschule. Die eigenen Spiel- und Sportgeräte bleiben immer zu Hause.

➤ **Muttersöhnchen:** Er ist nur auf seinen Herrn fixiert, jeden Artgenossen wehrt er ängstlich oder ängstlich-aggressiv ab.

Fettnapf ade: Auf eigenen Beinen zu stehen, ist das Gebot der Stunde. Getrennt von seinem Besitzer lernt er in einem Gruppenkurs meist schnell sich zu behaupten.

Autohunde und Bahnfahrer

➤ **Rasender Roland:** Er lärmt während der Autofahrt und zerfleddert den Innenraum, wenn er alleine im Wagen bleiben muss.

Fettnapf ade: Für Hunde gehört das Auto zum Revier. Kläffer auf der Fahrt beschäftigen und streicheln. Personen am geparkten Wagen vorbeigehen lassen, dem Hund im Auto „Platz!“ befehlen und mit sanfter Stimme beruhigen. Bei Erfolg loben.

➤ **Nervtöter:** Ein bellender, jaulender und herumschnüffelnder Hund wird für Mitreisende in Bahn und Bus zum Alptraum.

Fettnapf ade: Gegen Langeweile auf der Reise helfen die Beschäftigung mit der Lieblingsente (kein Quietschtier!), dem Kauknochen oder Denksportaufgaben.

INFO

HUNDE IM FLIEGER

Auf Flugreisen sind kleine Hunde bis 8 kg in Box oder Tasche in der Kabine erlaubt. Frühzeitig buchen, da nur wenige Tiere mitgenommen werden. Größere Hunde reisen im klimatisierten Frachtraum. Ein Beruhigungsmittel vom Tierarzt hilft aufgeregten Hunden gegen Flugstress. Bei Zwischenstopps braucht der Flughund Bewegung; um die Hunde im Frachtraum kümmert sich das Bodenpersonal. Flugreisen im Frachtcontainer sollte man einem Hund nur zumuten, wenn sie wirklich unumgänglich sind.

Vierbeiner auf vier Rädern: Wie für seine Familie gilt die Anschnallpflicht im Auto auch für den Hund, wenn er auf der Rückbank mitfährt. Auf Fahrten mit Hund spätestens alle zwei Stunden Pause machen. Und nur dann und unter Herrchens Aufsicht darf er einen Blick aus dem offenen Fenster werfen.

TIPP

HALLO TAXI!

Hunde, die im Auto nerven, sind im Taxi nicht gern gesehen. Teilen Sie der Taxizentrale mit, dass ein Hund dabei ist und nehmen Sie für sabbernde Tiere eine Decke für die Polster mit. Hunderiesen fahren am bequemsten im Großraumtaxi.

(K)ein gern gesehener Gast?

➤ **Störenfried:** Im Restaurant zerrt er ständig an der Leine und stellt sich jedem in den Weg. Im Hotelzimmer gibt er keine Ruhe und heult zum Steinerweichen, selbst wenn er nur für kurze Zeit alleine bleiben muss.

Fettnapf ade: Tisch in der Ecke wählen, möglichst mit Sichtschutz. Hund an kurzer Leine unterm Tisch ablegen. Vor der Übernachtung im Hotel Alleinsein (→ Seite 18) üben und ihn von Zeit zu Zeit bei Freunden einquartieren, bis er in fremder Umgebung zurechtkommt.

➤ **Eigenbrötler:** Er macht es den Betreuern in der Hundepension nicht leicht. Je nach Naturell ist er kaum ansprechbar oder reagiert gereizt, nicht selten sogar aggressiv.

Fettnapf ade: Viele Hunde kommen nicht klar, wenn sie zum ersten Mal von der Familie getrennt sind und in die Hundepension gebracht werden. Bereits der Welpe muss lernen, sich mit unbekannten Situationen zu arrangieren. Anfangs nur kurze Trennungen, später Übernachtungen außerhalb einplanen. Schon bald weiß er, sich überall zu benehmen – und freut sich aufs Wiedersehen mit seinem Besitzer.

Das Ritual der Hundebegegnung

Hunde sind Nasentiere: Wenn sich fremde Hunde begegnen, entscheidet der Geruch, ob man sich freundlich verhält oder lieber auf Distanz geht. Nase an Nase nehmen beide eine Schnupperprobe, bevor jeder das Hinterteil des anderen beriecht. Die Drüsen des so genannten Analgesichts liefern die duftende Visitenkarte eines Hundes. Selbstbewusste Tiere heben dabei den Schwanz und zeigen ihr Analgesicht offen, ängstliche Naturen lassen sich dagegen nur ungern hinten beschnuppern. Probleme und Missverständnisse gibt es beim Begrüßungsritual selten und freundliches Schwanzwedeln signalisiert die Friedfertigkeit.

Heiße Ferien: Mit dem Hund sollten Sie nicht allzu lange am Strand bleiben.

TIPP
VERWÖHNURLAUB FÜR HUNDE

Hundefreundliche Hotels bieten vom Fitness-Parcours bis zum Hundesalon und zur Snackbar alles, was das Hundeherz begehrt (→ Internet-Adressen, S. 47). In Hotels mit zugehöriger Hundeschule kann der Vierbeiner im Urlaub einen Erziehungskurs oder eine Sportausbildung absolvieren und wer die Ferien mit seinem Hund einmal ganz anders verbringen möchte, mietet sich ein Hausboot – zum Beispiel auf Frankreichs Wasserstraßen.

Schöne Ferien mit dem Hund

Für viele Hundehalter steht es außer Frage, dass ihr Vierbeiner in den Ferien dabei ist. So stellen Sie sicher, dass keine dunklen Wolken am Urlaubshimmel aufziehen:

➤ **Vorplanung:** Starten Sie mit dem Hund nie ins Blaue, buchen Sie Ferienwohnungen und Hotels im Voraus und erkundigen Sie sich, ob Hunde willkommen sind.

➤ **Reise in Etappen:** Mit Hund im Auto kürzere Tagestouren planen und spätestens alle zwei Stunden Pause machen.

➤ **Vorsicht in der Fremde:** In fremder Umgebung leben Streuner gefährlich. Auch den folgsamen Hund im Zweifelsfall lieber an die Leine nehmen.

➤ **Hitzestau:** Vom Sommerurlaub unter südlicher Sonne träumen English Bulldog, Berner Sennenhund, Bernhardiner und andere hitzeanfällige Rassen sicher nicht. Das Gassigehen ist oft nur am kühlen Morgen oder Abend möglich.

➤ **Heimatgefühle:** Sein Lieblingsspielzeug, die vertraute Schmusedecke und der Schlafkorb erinnern den Hund ein bisschen an zu Hause und vermitteln ihm Sicherheit in einer ungewohnten Umgebung.

Reisemuffel

Die große Reise regt ihn fürchterlich auf. Stundenlang lamentiert er im Auto und lässt sich bei Fahrtpausen kaum bändigen.

Fettnapf ade: Das Reisefieber überträgt sich auf den Hund. Halten Sie seinen gewohnten Tagesrhythmus bis zur Abfahrt bei und treffen Sie die Urlaubsvorbereitungen, wenn er nicht dabei ist. Evtl. Ausbildung zum Autohund (→ Seite 38) auffrischen. Reisetabletten vom Tierarzt bekämpfen Übelkeit und Nervosität.

Strandräuber

Hemmungen hat er keine: Am Badestrand mischt er sich in die Spiele der Kinder ein, beschnuppert jeden Sonnenanbeter und gräbt tiefe Löcher in den Sand.

Fettnapf ade: Im Wasser (→ Seite 30) und am Strand Hunde nie unbeaufsichtigt lassen. Viele Strände sind für Hunde verboten, ideal ist natürlich ein spezieller Hundestrand. Trinkwasser und Sonnenschirm sind für den Hund Pflicht. Auf keinen Fall zu lange am Strand bleiben. Vergewissern Sie sich, dass er sein Geschäft vorher erledigt.

INFO
MIT DEM HUND IM AUSLAND

Innerhalb Europas muss auf Reisen der EU-Heimtierpass mitgeführt werden. Er bescheinigt die gültige Tollwut-Impfung, die von allen EU-Staaten verlangt wird. Informationen über Vorschriften zur Hundehaltung in einzelnen Ländern (z. B. einer Maulkorbpflicht) erhalten Sie von den Konsulaten und vom Deutschen Tierschutzbund (→ Adresse, Seite 47). Bedenken Sie bitte, dass der Hund Sie nicht überall begleiten darf (etwa in Museen und Kirchen). Eine Tierhalter-Haftpflichtversicherung (→ Tipp, Seite 45) sollten Sie unbedingt abschließen. Sie gilt auch für den Aufenthalt im Ausland.

Der Knigge für Fortgeschrittene

PFIFFIGE ÜBUNGEN FÜR HUNDE MIT KÖPFCHEN

Gutes Benehmen ist für manche Hunde eine leichte Übung. Sie wollen mehr und sind begeistert bei der Sache, wenn ihr Besitzer mit ihnen Kabinettstückchen und kleine Tricks probt. Für eine perfekte Vorführung gibt es Lob und Anerkennung – und das ist natürlich das Schönste überhaupt.

➤ **Pfote geben:** Faust mit Leckerbissen unter die Pfote des sitzenden Hundes schieben und Pfote langsam anheben. Mit dem Kommando „Pfote!“ verknüpfen. Am Ende der Aktion belohnen.

➤ **Apportieren:** Ball einige Meter weit werfen. In die Knie gehen, mit „Komm!“ anlocken und mit „Aus!“ zum Hergeben auffordern. Bei Erfolg loben. Gibt er die Beute nicht frei, identisches

Express-Transport: Die Lust am Apportieren liegt vielen Hunden im Blut. Achten Sie darauf, dass Ihr Hund nur Objekte apportiert, die Sie ihm erlaubt haben. Sonst suchen Sie eventuell tagelang nach Ihren Pantoffeln.

Hallo Partner! Die Kontaktaufnahme mit erhobener Pfote gehört zum typischen Hundeverhalten. Meist ist nur wenig Training nötig, bis Ihr Hund auf Befehl Pfötchen gibt – nicht selten sogar gezielt rechts oder links.

Objekt oder Futterhäppchen zum Tausch anbieten. Beim Welpen Übung dort starten, wohin er seine Beute verschleppt. Beliebte Apportierobjekte: Zeitung und Leine.

➤ **Rolle seitwärts:** Dem liegenden Hund Leckerbissen zeigen und zur Seite führen, bis er den Kopf dreht und seitlich abrollt. Mit Hand- und Lautzeichen („Rolle!") begleiten. Loben und mit dem Leckerbissen belohnen.

➤ **Transportauftrag:** Beim Spaziergang Lieblingsspielzeug zum Tragen geben, am Anfang auf kurzer Strecke bis nach Hause. Mit viel Lob anspornen. Anhalten, wenn er das Objekt fallen lässt.

➤ **Männchen machen:** Dem sitzenden Hund Leckerbissen zeigen und langsam nach oben über den Kopf führen. Springt er hoch, Übung abbrechen und erneut Sitz machen lassen.

Tipps & Tricks

✔ Bei allen Übungen macht man sich vorhandene Fähigkeiten des Hundes zunutze: Pfote geben dient der Kontaktaufnahme und ist eine typische Demutsgeste, die Rolle seitwärts (Wälzen) gehört zum Komfortverhalten.

✔ Beginnen und beenden Sie das Training mit „Sitz!" oder „Platz!", um die Aufmerksamkeit Ihres Hundes zu erhöhen.

✔ Apportier- und Transportobjekte nach „Schulschluss" wegräumen. So behalten sie für den Hund ihren Reiz und werden nie langweilig.

✔ Vorsicht beim Tragen überbreiter Gegenstände (Äste, Stöcke): Gefahr für Radfahrer und Fußgänger.

✔ Kein Spiel mit der Leine! Daher sofort nach dem Herbeibringen wegnehmen.

✔ Schuhe und Kleidung darf der Hund nicht apportieren.

Und wenn er doch ins Fettnäpfchen tritt?

Selbst der folgsamste Hund kann sich einmal daneben benehmen. Anders als beim Wiederholungstäter, dem eine praxisorientierte Therapie (→ ab Seite 29) verordnet wird, ist ein einziger Fettnapf kein Beinbruch. In die Pflicht genommen ist der Hundehalter, der sich bei den Betroffenen entschuldigen und das Verhalten seines Hundes erklären sollte. Das sind die häufigsten Fettnäpfchen: Ruhestörung, Geschäfte am falschen Platz, Freundschaftsbeweise zur falschen Zeit oder am falschen Ort.

➤ **Ruhestörung:** Auch ein sonst stiller Vierbeiner schlägt an, wenn er mitten in der Nacht ungewohnte Geräusche hört. Die aus dem Schlaf gerissenen Nachbarn reagieren genervt – gleichgültig, ob Ihr Hund vor Unbefugten warnt, die sich Zutritt zum Haus verschaffen wollen, oder nur eine über die Terrasse spazierende Katze verbellt. Mit einem Gespräch am Gartenzaun glätten Sie am nächsten Morgen die Wogen und sorgen für Verständnis.

➤ **Geschäftsprobleme:** Das Gassigehen musste verschoben werden oder der Darm ist in Aufruhr: Jedenfalls drängt es so sehr, dass sich Ihr Hund am falschen Platz löst – mitten auf dem Bürgersteig oder in einem Vorgarten. Schimpfen hilft keinem, sofortige Entsorgung um so mehr: Wer mit dem Kotbeutel für Sauberkeit sorgt, verhält sich vorbildlich und verhindert böse Reaktionen.

Voll im Fettnapf: Trotz aller Begrüßungsfreude ist Anspringen grundsätzlich tabu.

➤ **Freundliche Attacke:** Es regnet Bindfäden und Sie treffen beim Waldspaziergang Freunde. Begeistert von der Begegnung begrüßt Ihr Hund sie überschwänglich. Es bleibt nicht aus, dass sein nasses und verschmutztes Fell sichtbare Spuren auf deren Kleidung hinterlässt. Ihre Freunde werden ihm den Zuneigungsbeweis nicht übel nehmen, trotzdem sollten Sie sich bereit erklären, die Reinigungskosten zu übernehmen. Solche Situationen lassen sich vermeiden, wenn der Hund rechtzeitig angeleint wird.

Verhaltensregeln
für Hundehalter

Es gibt Tage, an denen so einiges schief läuft zwischen Mensch und Hund. Manchmal müssen Sie den Schwarzen Peter bei sich selbst suchen, weil Sie die einfachsten Verhaltensregeln für Hundehalter nicht beachtet haben.

➤ **Nie Namen und Tadel verknüpfen.** Ein Hund muss auf seinen Namen hören, das ist die Grundvoraussetzung für Erziehung und Ausbildung. Den Rufnamen soll er nur mit positiven Erfahrungen in Verbindung bringen. Rufen Sie ihn nicht beim Namen, wenn er ermahnt oder getadelt wird.

➤ **Nicht hinterherlaufen.** Rennen Sie nie schreiend hinter Ihrem Hund her, wenn er wegläuft. Das ermuntert ihn nur zu forcierter Gangart. Rufen Sie ihn ein- oder zweimal, besser noch: Gehen Sie in Gegenrichtung davon oder verstecken Sie sich hinter einem Baum. Viele Hunde verlässt der Mut, wenn Herrchen verschwindet.

➤ **Einfach ignorieren.** Zu viel Rücksicht auf die Wünsche des Hundes führt zu Autoritätsverlust. Beugen Sie vor: Zeit fürs gemeinsame Spiel ist nicht dann, wenn Ihr Hund es will, sondern wenn Sie das Signal dazu geben. Das gilt für alle Bereiche. Lassen Sie ihn für ein paar Stunden einfach links liegen, wenn er trotzig reagiert. Das bringt ihn schnell zur Vernunft. Für einen Hund gibt es nichts Schlimmeres als vom Rudel ausgeschlossen zu sein.

TIPP
AM BESTEN HAFTPFLICHTVERSICHERT

Als Hundehalter haften Sie mit Einkommen und Vermögen für alle Schäden, die Ihr Hund verursacht – auch wenn er nicht unter Ihrem direkten Einfluss steht. Eine Tierhalter-Haftpflichtversicherung ist unbedingt empfehlenswert. Bei Jahresprämien von ca. 70 Euro sind Personen- und Sachschäden bis etwa 5 Mio. Euro abgedeckt, Vermögensschäden bis 100.000 Euro.

INFO
WAS IHR HUND SICH WÜNSCHT

➤ Rangordnung: Ihr Hund erwartet von Ihnen Autorität und klare Befehle.
➤ Anerkennung: Er will als Familienmitglied ernst genommen werden und so oft wie möglich dabei sein.
➤ Bewegung: Der Hund ist ein Lauftier. Ohne täglichen Auslauf wird er krank.
➤ Beschäftigung: Aufgaben und Jobs halten Körper und Köpfchen fit.
➤ Ordnung: Feste Termine und die vertraute Umgebung geben Ihrem Hund Sicherheit.

REGISTER

ADRESSEN

Verbände/Vereine

➤ Verband für das Deutsche Hundewesen e.V. (VDH), PF 104154, D-44041 Dortmund, www.vdh.de

➤ Schweizerische Kynologische Gesellschaft, PF 8276, CH-3001 Bern, www.hundeweb.org

➤ Österreichischer Kynologenverband, Siegfried-Marcus-Str. 7, A-2362 Biedermannsdorf, www.oekv.at

➤ Fédération Cynologique Internationale (FCI), 13 Place Albert 1er, B-6530 Thuin, www.fci.be

➤ Forschungskreis Heimtiere in der Gesellschaft, PF 286161, D-28361 Bremen, www.mensch-heimtier.de

➤ Berufsverband der Hundeerzieher und Verhaltensberater e.V. (BHV), Eppsteiner Str. 75, D-65719 Hofheim, www.bhv-net.de, bhv@bhv-net.de

➤ Deutscher Hundesportverband e.V., Gustav-Sybrecht-Str. 42, D-44536 Lünen, www.dhv-hundesport.de

Internet-Adressen

Infos und Tipps finden Sie auf diesen Internetseiten:

➤ www.hunde.com
➤ www.mir-san-hund.de
➤ www.hunde.de
➤ www.hunde.ch
➤ www.hundeverhalten.net
➤ www.hundewelt.de
➤ www.hund-und-halter.de
➤ www.spass-mit-hund.de
➤ www.hund-und-reisen.de
➤ www.flughund.de
➤ www.ferien-mit-hund.de
➤ www.hundund.de
➤ www.urlaub-mit-hund.de
➤ www.gtvt.de (Adressen von Verhaltenstherapeuten)

Fragen zur Hundehaltung beantworten

Ihr Zoofachhändler und der Zentralverband Zoologischer Fachbetriebe Deutschlands e.V. (ZZF), Tel.: 0 61 03/91 07 32 (nur telefonische Auskunft möglich: Mo 12–16 Uhr, Do 8–12 Uhr), www.zzf.de

Haftpflichtversicherung

Fast alle Versicherungen bieten Haftpflichtversicherungen für Hunde an.

Krankenversicherung

➤ Uelzener Allgemeine Versicherungsgesellschaft AG, PF 2163, D-29511 Uelzen, www.uelzener.de

➤ AGILA Haustier-Krankenversicherung, Breite Str. 6–8, D-30159 Hannover, www.agila.de

Registrierung von Hunden

➤ Deutsches Haustierregister, Deutscher Tierschutzbund, Baumschulallee 15, D-53115 Bonn, Tel. 0228/ 60496-0, www.tierschutzbund.de

➤ TASSO-Haustierzentralregister e.V., Frankfurter Str. 20, D-65795 Hattersheim, Tel. 0 61 90/93 73 00, www.tiernotruf.org

➤ Internationale Zentrale Tierregistrierung (IFTA), Weiherstr. 8, D-88145 Maria Thann, Tel.: 0 83 85/92 12-72 www.tierregistrierung.de

Lassen Sie Ihren Hund registrieren, das erhöht die Chance ihn wiederzubekommen, falls er einmal entläuft.

BÜCHER

- Hegewald-Kawich, H.: Hunderassen von A–Z. Gräfe und Unzer Verlag, München
- Ludwig, G.: Das große GU Praxishandbuch Hunde. Gräfe und Unzer Verlag, München
- Ludwig, G.: Mit dem Hund spielen und trainieren. Gräfe und Unzer Verlag, München
- Ludwig, G.: 1000 Hundenamen von A bis Z. Gräfe und Unzer Verlag, München
- Schlegl-Kofler, K.: Hundeschule für jeden Tag. Gräfe und Unzer Verlag, München
- Schlegl-Kofler, K.: Mein Hund macht was er will. Gräfe und Unzer Verlag, München

ZEITSCHRIFTEN

- Unser Rassehund, Hrsg. Verband für das Deutsche Hundewesen, D-44041 Dortmund
- Der Hund, Deutscher Bauernverlag, D-10713 Berlin
- Partner Hund, Gong Verlag, D-80801 Ismaning

DER AUTOR

Dr. Gerd Ludwig ist freier Journalist und Zoologe. Für den Gräfe und Unzer Verlag hat er bereits mehrere Ratgeber über Hunde- und Katzenhaltung geschrieben.

DIE FOTOGRAFEN

Bilder Pur/NAS/Davis: Seite 9 mi.;
Giel: Seite U1, 14, 19 li., re, 23 li., re., 24, 26, 30, 35, 37 re., 43 li., re., 44;
Juniors/Schanz: Seite 8 mi., 12;
Juniors/Steimer: Seite 6;
Juniors/Wegler: Seite 3 o.li., 9 re., 17;
Kuhn: Seite 8 li., 42;
photonica/Fujiwara: Seite 40;
Schanz: Seite 3 u., 39;
Steimer: Seite 3 o.re., 4, 8 re., 10, 20, 28, 32, 37 li.o., li.u.;
Uhlmann: Seite 2, 22;
Wegler: Seite 9 li.;
Zefa/Dodge: Seite U2, 34.

DANK

Autor und Verlag danken Herrn Horst Hegewald-Kawich für seine fachliche Beratung und die Praxisinformationen rund um die Verhaltenstherapie beim Hund.

IMPRESSUM

Redaktion: Christine Axmann
Lektorat: Gabriele Linke-Grün
Umschlaggestaltung und Layout: H. Bornemann Design, München
Satz: Filmsatz Schröter, München
Produktion: Maike Harmeier
Repro: Longo, Bozen
Druck und Bindung: Alcione, Trento

Printed in Italy

ISBN 3-7742-6976-9

Auflage	4.	3.	2.	1.
Jahr	2008	07	06	05

GRÄFE UND UNZER

Ein Unternehmen der
GANSKE VERLAGSGRUPPE